Lk7 193.

ACADÉMIE DES SCIENCES, AGRICULTURE, COMMERCE, BELLES-LETTRES ET ARTS
DU DÉPARTEMENT DE LA SOMME.

# NOTICE BIOGRAPHIQUE

SUR

# GRESSET

SUIVIE DU

## PROGRAMME DES FÊTES

Qui seront célébrées à Amiens

### Les 20 et 21 Juillet 1851,

POUR

## L'INAUGURATION DE SA STATUE.

PRIX, 25 cent.

AMIENS,
CHEZ ALFRED CARON, IMPRIMEUR-LIBRAIRE,
rue des Trois-Cailloux, 54.

1851.

STATUE EN MARBRE DE GRESSET.
ŒUVRE DE M. GÉDÉON FORCEVILLE.

# NOTICE BIOGRAPHIQUE

sur

# GRESSET.

Jean-Baptiste-Louis GRESSET, dont la statue sera prochainement inaugurée à Amiens, est né dans cette ville, le 29 août 1709, de Jean-Baptiste Gresset, conseiller du roi et de Catherine Rohaut, parente du savant qui a immortalisé ce nom. Jeune encore il entra au collège des Jésuites d'Amiens qui, frappés de ses brillantes dispositions, ne négligèrent rien pour l'attacher à leur ordre. Son noviciat terminé, il recommença comme maître les cours d'études qu'il venait d'achever comme élève. Dans les trois villes où il professa successivement les humanités, il s'exerça en plusieurs genres de littérature.

Les premiers écrits d'un homme de lettres ne sont, la plupart du temps, que des essais. Aussi Gresset ne s'empressa-t-il pas de publier les siens; il pensait qu'un début doit être signalé par un succès. Après l'ode sur l'*Amour de la Patrie* et quelques autres pièces qui lui ouvrirent la carrière, *Ververt* parut. La sensation fut générale; on vit qu'un talent éminent et d'un caractère nouveau allait enrichir notre littérature. Toutes les biographies ont consacré le jugement que Jean-Baptiste Rousseau, alors arbitre souverain en matière littéraire, porta sur l'œuvre qu'il salua du nom de Phénomène.

Dans ce poème, que toute l'Europe voulut s'approprier par des traductions, le genre auquel la nature avait principalement destiné Gresset, s'était révélé avec tant d'éclat, que l'on ne douta pas qu'il ne continuât de le cultiver. En effet, on ne tarda point à voir paraître divers ouvrages portant l'empreinte du même génie. Peintures vraies de mœurs et de caractères, critiques sans amertume, descriptions ingénieuses, poésie pleine de naturel, d'esprit et de grâces se déployant dans des périodes riches de nombre et d'harmonie, telles furent les beautés que l'on admira dans la *Chartreuse*, le *Carême impromptu*, le *Lutrin*, les *Ombres* et plusieurs autres pièces publiées quelque temps après le *Ververt*, c'est-à-dire dans l'intervalle de 1730 à 1738.

Ce fut dans le cours des années suivantes, qu'encouragé par l'accueil que les maîtres de l'art et le public avaient fait à ses vers, Gresset multiplia les preuves du talent le plus abondant et le plus varié : Epitres, odes, églogues imitées de Virgile, Idylles, lettres en prose et en vers, poésies fugitives sur divers sujets, discours, dissertations philosophiques et littéraires, etc., ces divers écrits prouvèrent qu'il n'était point de genre que son génie souple et facile ne pût heureusement embrasser.

Après s'être essayé dans la tragédie d'*Édouard III* et dans le drame de *Sydney*, dont le style attira particulièrement l'attention des connaisseurs, l'auteur s'éleva jusqu'au *Méchant*, chef d'œuvre auquel, sous le rapport de la peinture du personnage principal et surtout sous celui de la diction, la scène ne peut rien opposer de supérieur. Cette pièce eut vingt-quatre représentations de suite, succès très-rare à cette époque, et ouvrit à Gresset les portes de l'Académie française.

Dans la sommaire indication que nous venons de donner de ses écrits, nous n'avons compris ni l'*Esprit à la mode* et l'*École de l'amour propre*, qui lui furent demandés pour le théâtre de la cour, ni les deux pièces intitulées le *Secret de la comédie* et le *Monde comme il va*, ni l'*Ouvroir* et les *Pensionnaires*, ni le *Gazetin* et l'*Abbaye* et quelques autres ouvrages composés en différens temps. En effet, la plupart de ces écrits ne furent pas publiés et les autres furent détruits par l'auteur. La découverte de l'*Abbaye*, satire très-vive de la vie monacale, fut due aux recherches de M. François de Neufchâteau. Quant au *Parrain*, que l'auteur préférait même à *Ververt*, les copies que l'on en avait heureusement conservées le sauvèrent de la destruction. Ces deux ouvrages ne parurent imprimés qu'en 1811.

On comprend qu'à une époque où la littérature occupait en France un rang si distingué, les talents de Gresset, relevés par sa modestie et rendus plus attrayants encore par une inaltérable gaieté, par le don de raconter avec autant d'esprit que de vivacité, avaient dû le faire rechercher par les meilleures sociétés. Il y connut ce que Paris renfermait alors de plus distingué dans les sciences et dans les lettres. La modération dont il avait fait preuve à une époque où la liberté philosophique et même littéraire touchait à la licence, lui avait valu les sympathies du pouvoir. Des pensions lui furent accordées auxquelles ne tardèrent point à être jointes des distinctions honorables; il reçut, sans les avoir demandées, des lettres de noblesse, fut fait chevalier de l'ordre de saint Michel et nommé historiographe de l'ordre de saint Lazare. Ce fut lui qui, à l'avènement de Louis XVI au trône, eut l'honneur de haranguer le Roi et la Reine au nom de l'Académie française. La Reine, à laquelle il fit plusieurs lectures, l'admit souvent dans son intimité. Frédéric II, toujours désireux d'enrichir son académie de nos célébrités dans les sciences et les lettres, s'efforça d'attirer notre auteur à Berlin ; mais celui-ci préféra le pays natal aux honneurs qui l'attendaient à l'étranger.

A Amiens Gresset avait retrouvé un homme de beaucoup d'esprit, qu'il avait jadis connu à l'hôtel de Chaulnes à Paris, conteur agréable, ingénieux improvisateur, mais qui, depuis, promu à l'épiscopat, avait substitué aux agréments d'un homme du monde la gravité d'un prélat. On devine que nous parlons de M. de Lamotte-d'Orléans. L'influence de l'évêque, celle surtout de l'ami, le progrès de l'âge qui, dans la gloire, ne voit plus qu'une illusion, les envieuses critiques que les succès provoquent, mais principalement la piété née de son éducation première, avaient enlevé Gresset à la carrière qui l'avait illustré. Ce fut ainsi que la littérature française non-seulement fut privée des écrits dont l'auteur pouvait l'enrichir encore, mais perdit les précieux manuscrits que des scrupules exagérés abandonnèrent aux flammes. On regrette surtout les deux chants qui devaient compléter le *Ververt*, à savoir l'*Ouvroir* et les *Pensionnaires*, charmantes productions, si l'on en croit les mémoires du temps, mais dont nous n'avons que les titres et quelques fragments propres à en faire apprécier la valeur et déplorer la perte.

En parlant de Gresset et de *Ververt*, on aura remarqué que nous nous sommes beaucoup plus occupé du poète que du jésuite; cela se conçoit aisément. Il n'est pourtant pas inutile d'expliquer ce qui fit sortir Gresset du sein d'une compagnie à laquelle il a adressé les adieux les plus touchants. On a attribué son éviction à la publication du *Ververt*; c'est une erreur; l'expiation de ce chef-d'œuvre s'était bornée à un exil momentané à La Flèche, séjour de repétance pour d'autres, et qui, pour lui, ne fut qu'un séjour d'ennui. Mais, dans la *Chartreuse*, composée au fond d'une cellule du collège Louis-le-Grand, l'auteur avait hasardé quelques vers dont le parlement pouvait se faire l'application. Les jésuites qui redoutaient, non sans raison, l'autorité d'un corps aussi puissant, aimèrent mieux perdre l'une de leurs gloires que de s'exposer au coup qu'ils n'évitèrent pas en 1764; Gresset fut éconduit, et ce fut alors que jeune encore et libre de suivre sa plus chère vocation, il enrichit notre littérature des chefs-d'œuvre qu'avaient promis *Ververt* et la *Chartreuse*.

Toujours ami des lettres, notre illustre Concitoyen n'avait pu demeurer indifférent aux progrès de sa ville natale dans la carrière qu'il avait lui-même parcourue avec tant d'éclat. En juin 1750, il obtint que la société littéraire qui s'était formée à Amiens en 1702, fût érigée en Académie. Autant par reconnaissance que par un légitime hommage à la supériorité de ses talents, ses Collègues lui décernèrent le titre de président perpétuel. Mais, bien que le roi eût confirmé ce titre par les lettres-patentes d'institution de l'Académie, Gresset en déclina modestement l'honneur pour s'en tenir à une présidence momentanée.

En février 1751, Gresset épousa à Amiens Mlle Galland, parente du savant orientaliste auquel on doit la traduction des *Mille et une nuits*. Femme aussi douce que vertueuse, elle ne lui causa d'autre chagrin que celui de ne laisser pour toute postérité que ses écrits et sa gloire.

Heureux dans le sein d'une famille estimée, près d'une épouse chérie, habitant tantôt la ville, tantôt la campagne dont il avait célébré les plaisirs, entouré d'amis dignes de lui, honoré de l'estime générale, Gresset jouissait de la plénitude de bonheur que la simplicité de ses goûts avait préféré même à la gloire. Sa constitution saine sans être robuste, le calme de l'esprit et celui du cœur, la paix domestique, l'indépendance, une fortune assez ample puisqu'elle suffisait à ses besoins, tout semblait lui promettre une longue et paisible vieillesse. Mais, au commencement de juin 1777, il fut atteint de la maladie qui, le 16 du même mois, le conduisit au tombeau ; il était alors âgé de 68 ans.

Le Corps municipal, l'Académie et tout ce que la ville renfermait de plus notable honora son convoi. Son éloge, lu à la séance publique qui suivit son décès, fut proposé plus tard et durant plusieurs années pour sujet de prix d'éloquence. Parmi les concurrents figurèrent deux rivaux célèbres à des titres bien différents : Bailli, depuis président de la première assemblée constituante et maire de Paris, que le fanatisme révolutionnaire força plus tard de porter au champ de mars l'instrument de son supplice, et Maximilien Robespierre dont la politique est connue. Le premier eut l'accessit ; le discours de l'autre n'offrit de remarquable qu'un pompeux éloge des vertus de Louis XVI, de véhémentes sorties contre les philosophes et une approbation sans réserve au sacrifice que Gresset avait fait, par scrupule, de ses derniers écrits.

Jaloux de consacrer tous les arts à la gloire de son fondateur, l'Académie d'Amiens avait fait faire son buste par Berruer, sculpteur du roi ; il fut inauguré à la séance du 25 août 1787. En 1809, un intermède lyrique, composé de vers pris en partie dans les œuvres mêmes de Gresset, fut représenté sur notre théâtre pour solenniser l'anniversaire séculaire de sa naissance. En 1811, l'Académie fit retirer ses restes mortels de l'une des chapelles du cimetière St.-Denis que le vandalisme de 1793 avait convertie en étable. Ils furent transportés dans la cathédrale où, en attendant un monument solennellement promis, ils reposent sous la pierre modeste qui les couvrait dans l'origine. *Sit nomen pro monumento.*

L'année suivante, l'Académie proposa cette translation pour sujet d'un prix de poésie que remporta M. N. Delamorlière, devenu plus tard l'un de ses membres et son secrétaire perpétuel. Plus tard encore l'éloge de Gresset fut de nouveau mis au concours. Mais l'orateur manqua toujours au sujet.

Tant d'hommages semblaient avoir acquitté la dette de la reconnaissance. Cependant l'Académie ne se croyait point encore quitte envers son fondateur. En 1850, anniversaire séculaire de son institution, elle résolut de lui décerner de nouveaux honneurs. Elle possédait heureusement dans son sein un artiste aussi habile que zélé, à qui la nature, qui ne perd qu'à regret le germe d'un beau talent, révéla sans le secours d'une longue étude celui qu'il devait enfin déployer. Les premiers essais de M. Forceville, en marquant son heureuse vocation, signalèrent en même temps son dévouement aux gloires de notre pays. Les bustes de Delambre, de Blasset et d'un savant encore vivant avaient fait voir tout ce que l'on pouvait attendre de son ciseau.

Avec le zèle le plus louable et le désintéressement le plus conforme à son caractère et à sa position, M. Forceville se chargea gratuitement de reproduire en pied la statue que Berruer ne nous a donnée qu'en buste. Exposée à Paris, cette statue d'une rare ressemblance, exécutée en marbre avec une célérité que l'amour du pays peut seul provoquer et une perfection appréciée par les maîtres de l'art, sera solennellement inaugurée le 21 juillet 1851. Cette inauguration, sera célébrée, comme le fut celle de la statue de Ducange, par des fêtes publiques auxquelles le corps municipal a prêté le plus généreux concours.

L'Académie française a bien voulu, de son côté, consentir à augmenter la pompe de la cérémonie en promettant d'y envoyer une députation. Elle a ainsi prouvé qu'elle n'a point oublié que l'écrivain auquel est offert un dernier hommage lui appartint et la présida avec éclat.

Des citoyens zélés ont organisé une cavalcade dont le produit, assuré par des quêtes, tournera au profit de l'indigence. D'autres préparent une fête nautique dont l'éclat égalera, s'il ne le surpasse, celui de la brillante embarcation qui eut lieu lors de l'inauguration de la statue de Du Cange élevée par la société des Antiquaires de Picardie.

Par les soins de la famille de Gresset, à ses frais et avec le concours de l'Académie, a été frappée une médaille commémorative de la solennité. D'un côté est la figure de Gresset en buste et, de l'autre, la statue en pied conforme au modèle sculpté. Cette statue est assise; Gresset, en costume du temps, offre, par un caractère de physionomie habilement saisi, l'expression d'un écrivain qui médite. Dans sa main droite est le crayon qui va lui servir à tracer sa pensée; dans l'autre est un cahier sur lequel on lit en partie ces deux vers du méchant :

Un écrit clandestin n'est pas d'un honnête homme;
Quand j'accuse quelqu'un, je le dois et me nomme.

Pensée sévère et qui prouve qu'après l'avoir écrite, l'esprit mobile de l'auteur s'est porté sur un sujet moins grave.

Un banquet offert par l'Académie d'Amiens aux délégués de l'Académie française, des divertissements publics ajouteront à l'éclat de l'inauguration; et c'est ainsi que la reconnaissance et tous les arts vont s'accorder pour démentir ce que Gresset écrivait sur l'un des murs de son Ermitage dans un accès de mélancolique philosophie. *Tempus edax rerum murum nomenque vorabit*; le temps qui dévore tout détruira ce mur et mon nom.

Non; la modestie de Gresset l'a trompé : le temps qui renverse les monuments ne détruit pas les souvenirs de vertus et de gloire; le mur a péri, mais le nom restera.

# VILLE  D'AMIENS.

## PROGRAMME
# DES FÊTES
Qui seront célébrées à Amiens, les 20 et 21 Juillet 1851,

POUR L'INAUGURATION

## DE LA STATUE EN MARBRE
DE
# GRESSET.

CAVALCADE. — COURSES DE CHEVAUX. — FÊTE NAUTIQUE.

LE MAIRE DE LA VILLE D'AMIENS,

Vu la délibération du 17 mai 1851, approuvée par l'Autorité supérieure, par laquelle le Conseil Municipal a voulu s'associer, au nom de la Ville, à l'inauguration de la Statue élevée, par le soin de l'Académie des Sciences, Agriculture, Commerce, Belles-Lettres et Arts du département de la Somme, à la mémoire de GRESSET ;

Après s'être entendu avec les membres formant le bureau de l'Académie, a arrêté les dispositions suivantes :

## Article 1er.

Les Fêtes seront annoncées, le Samedi 19 Juillet, à six heures du soir, par la grosse cloche du Beffroi. — Le même signal sera répété le Dimanche 20, à six heures du matin.

## Art. 2.

# 1RE Journée. — DIMANCHE 20 JUILLET.

### CAVALCADE AU PROFIT DES PAUVRES.

MM. les Officiers du 10e régiment de Cuirassiers et du 6e. régiment d'Infanterie légère se sont associés aux jeunes-gens de la Ville et aux ouvriers de diverses professions industrielles, pour organiser une Cavalcade qui partira, à deux heures très-précises du boulevard Saint-Jacques, dans l'ordre suivant :

    Un peloton de gendarmerie ;
    Un peloton de Cuirassiers ;
    Tambours ;
    Musique ;
    Un Héraut d'armes à cheval ;
    Un porte-bannière et deux porte-guidons.

### Groupes à Pied.

Chevaliers de l'arc ; (2 groupes).
LE CHAR DE L'INDUSTRIE.

*Corporations d'Amiens.*

*Costumes et Bannières du 16e au 18e siècle :*

Imprimeurs typographes ; — Tailleurs ; — Chapeliers ; — Fabriques d'Amiens ; — Teinturiers ; — Tanneurs et Corroyeurs ; — Fariniers et Boulangers.

### Groupes à Cheval.

Cornettes
Chevaux-légers,    } du temps de Louis XIII ;
Seigneurs,

Mousquetaires,
Seigneurs,    } du temps de Louis XIV ;
Musique,

Le Président de la Cavalcade et les Commissaires ordonnateurs.
Un Porte-bannière et deux Porte-guidons ;
LE CHAR DE LA BIENFAISANCE ;
Seigneurs sous Louis XV ; (deux groupes) ;
Costumes variés de différents pays ;

Piqueurs au retour de la chasse ;
Char et groupe de Chasseurs ;
Costumes de fantaisie ; (deux groupes) ;
Deux groupes comiques ;

Un porte-bannière et deux portes-guidons ;
CHAR DES DONS EN NATURE ;
Un peloton de Cuirassiers ;
Un peloton de Gendarmerie.

## ITINÉRAIRE :

La Cavalcade, en quittant le boulevard St.-Jacques, prendra la rue du Four-des-Champs, parcourra les rues des Lirots, Desprez, le boulevard Fontaine, la grande rue de Beauvais, la petite rue de Beauvais, la place Périgord, les rues Delambre, Gresset, Saint-Jacques, de la Hotoie, du grand Vidame, le Port d'Aval, la rue de l'Aventure, la place St.-Firmin, la rue de Metz, le tour de la place de l'Hôtel-de-Ville, la rue des Chaudronniers, la place du Marché de Lanselles (côté gauche), le tour de la place du Marché au Feurre, la place du Marché de Lanselles (côté droit), la rue des Vergeaux, la place Périgord, les rues des Sergents, basse Saint-Martin, St.-Leu, la chaussée St.-Pierre, le boulevart Barabant, le port d'Amont, les rues des Augustins, du Soleil, la place St.-Michel, les rues St.-Denis, de Noyon, Neuve, de l'Oratoire, du Loup, de Noyon, l'esplanade de Noyon, les boulevards St.-Michel et du Mail, la place Longueville, les rues des Rabuissons, des Jacobins, Napoléon, du Camp-des-Buttes, Pierre l'Ermite, Porte-Paris, du Collège, la place Saint-Denis, et la rue des Trois-Cailloux.

Les rangs seront rompus place Périgord.

## POLICE ET DIRECTION DU CORTÈGE :

Le Président de la Cavalcade aura la direction générale et absolue du Cortège. Il se tiendra ordinairement au centre de la Cavalcade, près du Char de la Bienfaisance, et aura constamment près de lui, plusieurs Commissaires-ordonnateurs.

Les ordres seront transmis au son de la trompette. — MM. les Président et Commissaires porteront un brassard en or, comme signe distinctif.

## ORGANISATION DE LA QUÊTE :

MM. les Quêteurs devront se rendre à l'endroit désigné pour la réunion générale, à une heure après-midi. La place de chacun d'eux sera assigné dans le cortège.

Ils auront pour signe distinctif un brassard en argent.

*Observations générales.* — Comme il importe autant au succès de la Cavalcade qu'à la sécurité publique, que l'ordre le plus parfait règne dans tout le cortège, chacun devra rester au poste qui lui aura été assigné par MM. les Président et Commissaires, et les ordres donnés par ceux ci devront être exécutés ponctuellement.

## BAL PAR SOUSCRIPTION

*Organisé par les soins de la Commission de la Cavalcade.*

La journée du Dimanche sera terminée par un GRAND BAL COSTUMÉ, qui commencera à neuf heures et demie du soir et durera jusqu'au jour. — Prix de la souscription : 5 francs. — Les Dames seront invitées.

Les étrangers seront admis à souscrire sur la présentation d'un souscripteur de la Ville ; ils devront s'adresser à la Mairie, où il leur sera délivré des cartes d'entrée, par les soins d'une commission préposée à cet effet.

### ART. 3.

## 2ME Journée. — LUNDI 21 JUILLET.

# INAUGURATION DE LA STATUE.

A midi précis, l'Académie des Sciences, Belles-Lettres et Arts du département de la Somme, tiendra dans la grande Salle de l'Hôtel-de-Ville, une Séance publique à laquelle sont invités MM. les Ministres de l'Intérieur et de l'Instruction publique, ainsi qu'une députation de l'Académie Française.

Immédiatement après la Séance publique, l'Académie et les Autorités se rendront à la Bibliothèque communale, où aura lieu l'Inauguration de la Statue de Gresset, œuvre de M. Forceville.

A un signal donné, le voile recouvrant la Statue sera enlevé ; et pour saluer son apparition, la Musique de la Garde Nationale exécutera un morceau d'harmonie militaire. — Des discours seront ensuite prononcés.

Art. 4.
# COURSES DE CHEVAUX AU TROT

*Qui doivent avoir lieu sur l'Hippodrome d'Amiens, dans la prairie dite marais d'Amiens, près du Petit-St.-Jean,*

Le Lundi 21 Juillet, à 2 heures.

## RÉGLEMENT.

La Commission nommée par le Maire pour procéder à l'organisation des Courses, à arrêté d'accord avec l'Administration municipale, les dispositions réglementaires suivantes.

Elle prendra les mesures qui lui paraîtront convenables pour assurer le bon ordre et la régularité de toutes les opérations relatives aux Courses.

Elle choisira, dans son sein, les juges du départ et de l'arrivée. Ceux-ci seront seuls chargés de placer les chevaux au point de départ, de les faire partir et de désigner les vainqueurs. A cet égard seulement, les décisions des juges seront sans appel.

Toutes les contestations ou réclamations qui seraient élevées au sujet des Courses, seront jugées, en dernier ressort par la commission.

Tout propriétaire qui désirera faire courir un cheval, pour l'un des prix attribués aux chevaux nés ou élevés dans le Département de la Somme, devra envoyer, au Secrétariat de la Mairie, cinq jours au moins avant l'époque des Courses, une demande indiquant l'âge, le sexe, la robe et l'origine de l'animal, la date et le lieu de sa naissance, et l'endroit où il a été élevé. Cette demande devra être signée par deux propriétaires de la commune; elle sera en outre accompagnée d'un certificat du Maire, constatant que le cheval est né dans le département ou y a été élevé.

Tout propriétaire qui désirera faire courir un cheval pour l'un des prix attribués aux chevaux introduits dans le département ou l'arrondissement depuis au moins une année, devra envoyer aussi au Secrétariat de la Mairie et dans le même délai, une demande portant les indications nécessaires et signée de deux propriétaires de la commune. Un certificat du Maire constatant que le cheval se trouve dans le département ou l'arrondissement depuis au moins une année, devra être joint à cette demande.

La Commission appréciera le mérite de ces certificats, dans la délivrance desquels MM. les Maires sont priés d'apporter la plus grande sévérité, et qu'ils devront refuser, toutes les fois qu'ils auront le moindre doute sur l'origine des chevaux, et sur la véracité des déclarations qui leur seront faites.

Les chevaux engagés pour les Courses, devront être conduits le jour des Courses, à huit heures du matin, à l'entrée de la Hotoie, pour être examinés par la Commission spéciale, qui statuera définitivement sur l'admission de chacun d'eux.

Les chevaux aveugles ou difformes, ceux qui ne seraient pas scellés et bridés convenablement, seront refusés. Tout cavalier qui n'aurait pas une tenue convenable, avec pantalon à sous-pieds, casquette ou chapeau, ne sera pas admis. Des marques distinctives seront remises à chaque cavalier avant le départ.

L'âge des chevaux sera compté à partir du 1er janvier de l'année de leur naissance.

Tout cheval qui n'aura pas été inscrit aux jours et heures fixés ci-dessus, ne pourra être admis à concourir.

Les chevaux engagés devront être rendus sur le terrain, une demi-heure avant la course dans laquelle ils doivent courir; ceux qui à l'heure fixée, ne seraient pas prêts à courir seront exclus du concours. Un quart d'heure après le premier coup de cloche, la lice sera ouverte, et la Course commencera immédiatement sans attendre les absents.

Un poteau, dit poteau de distance, sera placé à cent mètres en avant du but. Tout cheval qui n'aura pas dépassé ce poteau, lorsque le premier cheval est arrivé au but, sera réputé distancé. — La place des chevaux, au départ, sera tirée au sort avant chaque épreuve.

Dans la course en partie liée, les épreuves seront séparées par les autres courses. — A la seconde épreuve, tous les chevaux inscrits et qui n'auront pas été distancés, continueront de courir. — Si le même cheval gagne les deux épreuves, le premier prix lui est acquis, et le second prix appartient au cheval qui est arrivé le second à la deuxième épreuve. — Si deux chevaux sont arrivés les premiers chacun à l'une des épreuves, ils courent seuls à la troisième épreuve, et le second prix appartient alors à celui qui arrive le second.

Lorsque l'allure cessera d'être celle du trot, le cheval devra être arrêté pour repartir. Toutefois la Commission sera libre de mettre hors de concours, tout cheval qui aurait fourni au galop une partie plus ou moins grande de la carrière.

Tout cheval qui aura serré, coupé ou croisé un autre cheval, sera mis hors de concours.

Tout appel de la voix ou du fouet est interdit aux concurrents; la cravache et la baguette sont seules admises.

S'il ne se présente qu'un seul cheval, ou si les chevaux engagés appartiennent au même propriétaire, la Commission déterminera les conditions de temps.

Le pesage des cavaliers aura lieu sur le champ des courses, une demi-heure avant chaque départ. Après chaque épreuve, chaque cavalier devra rester monté, conduire son cheval au lieu désigné pour le pesage, et se faire peser de nouveau, s'il y a lieu, devant les juges des courses. — En cas de refus ou de diminution de poids de l'un d'eux, le cheval de celui-ci serait mis hors de concours, et son rang appartiendrait à celui qui l'aurait immédiatement suivi dans l'épreuve.

Les chevaux admis sur l'Hippodrôme ne pourront gagner plus de deux prix.

Dans le cas où des amateurs voudraient engager leur chevaux dans des courses particulières, au trot ou au galop, ils devront s'adresser à la Commission, qui leur donnera toutes les facilités désirables.

Tout les cas qui ne sont pas prévus dans le présent réglement, seront réglés d'après l'arrêté concernant les courses de chevaux, rendu par M. le Ministre de l'Agriculture et du Commerce, à la date du 24 janvier 1850.

Les cavaliers et voitures seront admis dans l'enceinte de l'Hippodrôme, aux prix suivants :

| | |
|---|---|
| Voitures à 4 roues. . . . | 5 francs. |
| id.    à 2 roues. . . . | 3 »» |
| Cavalier . . . . . . . | 2 »» |

# PROGRAMME.

## PRIX D'AUBERVILLE,
### 1,000 Francs.

Prix fondé à perpétuité par M. le comte d'Auberville, pour chevaux entiers, hongres et juments de 3 à 8 ans, nés ou élevés dans le département de la Somme ; 2 tours de l'Hippodrôme, (2,000 mètres environ), en partie liée.

Entrée 10 francs par chaque cheval formant fond de course, au profit de celui qui sera second.

Conditions de temps, 5 minutes chaque épreuve.

Poids :
- 3 ans, — — — 60 kilogrammes.
- 4 ans, — — — 65 id.
- 5 ans, et au-dessus 70 id.

Les juments porteront 2 kilog de moins.

## PRIX DU CONSEIL MUNICIPAL:

600 Francs, répartis comme suit :
- 1er Prix : 300 Fr.
- 2e Prix : 200 »»
- 3. Prix : 100 »»

Pour chevaux entiers, hongres et juments, nés, élevés ou importés dans le département de la Somme depuis au moins une année : 3 fois le tour de l'Hippodrôme (3,000 mètres environ), en une seule épreuve.

Entrée 5 francs par chaque cheval, formant un fond de course, à ajouter au premier prix. Conditions de temps, 6 minutes.

Poids :
- 3 ans — — — 60 kilogrammes.
- 4 ans — — — 65 id.
- 5 ans — — — 70 id.
- 6 ans et au-dessus, 75 id.

Les juments porteront 2 kilog de moins.

## PRIX DU COMICE AGRICOLE.

300 Francs, répartis comme suit :

Premier Prix : 200 Francs.
Deuxième Prix : 100 »»

Pour chevaux entiers, hongres et juments de trait, de tout âge, nés, élevés ou importés dans l'arrondissement d'Amiens, depuis au moins une année, 2 fois le tour de l'Hippodrôme, (2,000 mètres environ), en une seule épreuve, sans conditions de temps.

Poids unique : 75 kilogrammes.

## Prix du Conseil Municipal.

### 400 Francs.

Pour chevaux entiers, hongres et juments, sans conditions d'âge ni d'origine ; 3 fois le tour de l'Hippodrôme, (3,000 mètres environ), en une seule épreuve.

Entrée 5 francs par chaque cheval formant fond de course, au profit de celui qui arrivera second.

Conditions de temps. 6 minutes.

Poids :
- 3 ans, — — — 60 kilogrammes.
- 4 ans — — — 65 id.
- 5 ans — — — 70 id.

Les juments porteront deux kilog. de moins.

Art. 5.

## JEUX A LA HOTOIE.

De cinq à huit heures du soir, des jeux de Tamis, de Ballon et de Longue-Paume, seront établis dans la promenade de la Hotoie.

Un jeu d'arc sera ouvert à la même heure, dans le fossé du boulevard Saint-Jacques.

Des médailles en bronze, à l'effigie de Gresset, seront données par la ville, aux vainqueurs de chaque partie.

Tous les Amateurs, tant de la Ville que du dehors, sont invités à concourir. - Toutefois, les parties étrangères ne pourront être composées que de joueurs de la même commune. — Il n'existera point de partie dite fondamentale. Tous les concurrents seront admis au même titre.

A cinq heures, un jeu de Moulinet sera aussi établi dans la promenade de la Hotoie. — Des primes en argent y seront attachées.

Art. 6.

## FÊTE NAUTIQUE.

A 8 heures du soir, une brillante Fête Nautique sera donnée sur la Somme, au port d'Amont, par la Société des Canotiers Amiénois. Une statue colossale de Gresset sera élevée sur le pont Du Cange.

Deux tours, rappelant, l'une, la tour Saint-Michel, qui défendait la ville en Aval, et l'autre, la tour de la Barrette, placées en amont, seront édifiées à l'entrée du Port.

Une frégate sera embossée en face du Port et attaquée par une nombreuse flottille — Un feu d'artifice simulant un combat naval, y sera tiré et se terminera par l'explosion de cette frégate.

Des feux de pelotons, lançant des étoiles de couleurs, seront exécutés par l'Infanterie de la garnison et complèteront le combat.

Les diverses musiques de la Garde Nationale et du 10e régiment de Cuirassiers ont bien voulu prêter leur concours pour embellir cette Fête, en exécutant des morceaux d'harmonie pendant le défilé et le combat.

80 jeunes gens se sont spontanément réunis en Société dite des Orphéonistes, sous la direction de M. *Alexandre*, professeur de chant, et exécuteront des morceaux d'ensemble, de nos meilleurs compositeurs.

*Dispositions communes aux deux journées.*

### Art. 7.

Pendant les deux jours, seront ouverts au public, depuis dix heures du matin jusqu'à cinq heures du soir :

Le Jardin des Plantes et le Cabinet d'Histoire Naturelle ; — Le Musée des Statues et l'exposition de Tableaux et autres objets d'arts, organisée par la Société des Amis des Arts, — La Bibliothèque communale ; et le Musée communal d'Archéologie, créé par la Société des Antiquaires de Picardie.

Tous les édifices publics seront pavoisés pendant la durée de la Fête. —Les habitants sont invités à pavoiser également leurs maisons.

### Art. 8.

Le présent Programme sera soumis à l'approbation de M. le Préfet, et après cette formalité, il sera imprimé, publié et affiché.

*Vu et approuvé, à Amiens, le 5 juillet 1851.*

LE PRÉFET DE LA SOMME,

LEON MASSON.

*Fait à Amiens, à l'Hôtel-de-Ville, le 5 Juillet 1851*

LE MAIRE,

L. PORION.

*La ville d'Amiens s'est entendue avec les Compagnies des chemins de fer du Nord et de Boulogne, qui organiseront des trains de plaisir à l'occasion de cette fête.*

Amiens.—Typ. d'Alfred CARON.

# EN VENTE
## A la Librairie d'Alfred CARON,
RUE DES TROIS-CAILLOUX, 54.

## LA STATUE DE GRESSET,
Dessin lithographié à 2 teintes, par M. LEBEL. — Prix 2 francs.

## LA STATUE DE DU CANGE,
Dessin lithographié à 2 teintes, par M. LEBEL. — Prix 2 francs.

## MÉDAILLES
frappées à l'effigie de Gresset, grand module en bronze.— Prix 5 f.

## ESSAI HISTORIQUE
Sur la vie et les Ouvrages de Gresset, par L. N. J. J. de Cayrol, 2 vol. in 8°.—Prix . . . . . . . . . . . . 8 fr.

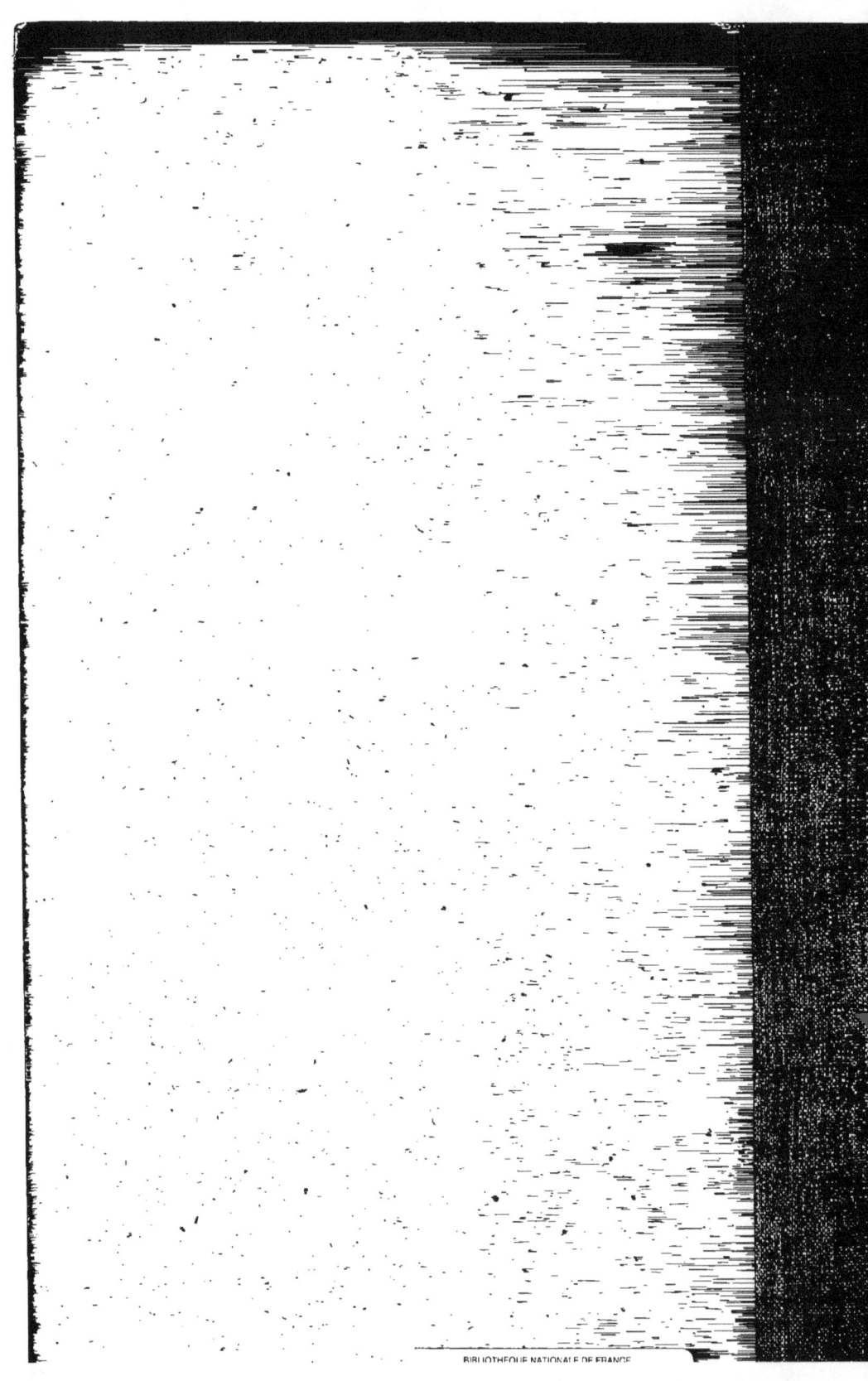

www.ingramcontent.com/pod-product-compliance
Lightning Source LLC
Chambersburg PA
CBHW060552050426
42451CB00011B/1871